Psicología Oscura

Domina La Manipulación Humana Utilizando El Control Mental, Las Técnicas De PNL Encubierta Y La Persuasión Subliminal Para Aprender A Analizar A Las Personas Con El Lenguaje Corporal, Las Técnicas De Lectura Rápida Y La Hipnosis.

Eric Holt

ISBN: 9781835123843

Contenido

Introducción

¿Quieres profundizar en el lado más oscuro de la personalidad y el comportamiento del ser humano? Entonces estudiar la psicología oscura te dará claridad en esa área. Sí, puede que este tema sea algo nuevo para ti, pero ahora puedes encontrar a mucha gente interesada en él que intenta explorar y descubrir sus complejidades.

Si quieres aprender sobre psicología oscura, ten en cuenta que el tema tiene una amplia cobertura. Abarca un gran número de áreas, incluso las relacionadas con los asesinos en serie, los comportamientos delictivos, las tendencias autodestructivas y la manipulación. Con su amplísima cobertura, se puede asumir con seguridad que este campo es tan fascinante que te revelará cosas no sólo sobre ti mismo, sino también sobre todos los seres humanos en general.

Sin embargo, un recordatorio crucial sobre la práctica y el uso de la psicología oscura es que es intrínsecamente poco ética. Esta es la razón por la que necesitas una orientación apropiada y adecuada antes de empezar a utilizarla. El objetivo es ampliar primero tus conocimientos sobre ella para que puedas utilizarla sin ponerte en peligro a ti mismo ni a los demás. Debes conocer su uso adecuado y eficaz para evitar los peligros que suelen asociarse a ella, incluida la manipulación emocional y psicológica, y lo que es peor, los crímenes.

Afortunadamente, ahora existe este libro sobre psicología oscura para ayudarte a obtener claridad e iluminación sobre las muchas cosas relacionadas con este campo. Contiene mucha información valiosa sobre la psicología oscura, lo que aumenta tus posibilidades de dominarla pronto y te garantiza que podrás utilizarla en tu beneficio sin descuidar la buena moral y la ética.

Ahora, es el momento de iniciar tu viaje hacia la comprensión de la psicología oscura y de cómo utilizarla adecuadamente.

1

Psicología oscura: qué es y cómo funciona

La mayoría de la gente ya ha oído hablar de la psicología y de lo que ésta significa. Básicamente, es el campo de estudio que aborda los comportamientos humanos. Lo que mucha gente desconoce y percibe como misterioso, es una faceta de la psicología llamada psicología oscura. A algunos incluso les parece espeluznante porque viene acompañada de la palabra "oscura".

En realidad, la psicología oscura captó la atención y el interés de la gente hoy en día por el misterio que gira en torno a ella. Se centra en la persuasión, el control mental y la manipulación, por lo que también viene acompañada de muchos malentendidos y misterio, ya que tiende a abarcar las facetas más oscuras de los seres humanos.

Incluso se descubrió que aplica la persuasión, la coacción y la manipulación como medio para dañar al receptor. Muchos también la describen como un medio natural de causar abuso y manipulación emocional o psicológica. Aunque es algo perturbador y perjudicial, cabe esperar que su uso adecuado tenga efectos positivos en el practicante y en el objetivo. Todo lo que hace falta es comprender la forma ética e inofensiva de practicar la psicología oscura.

¿Cómo funciona la psicología oscura?

En general, la psicología oscura se refiere a un nuevo e interesante campo de estudio, que gira en torno a la comprensión de cómo la gente utiliza tácticas de persuasión y manipulación para alcanzar sus objetivos. Este tema es algo controversial, ya que es posible utilizarla tanto para el bien como para el mal. Sin embargo, para dominar este campo, hay que recordar constantemente la importancia de ser extremadamente cautelosos en su práctica. Esto se debe a que esta herramienta, cuando se utiliza de forma irresponsable y descuidada, resultará incontrolable, poderosa y peligrosa.

La premisa principal de la práctica de la psicología oscura es comprender y explotar las debilidades de la psicología humana. Implica llegar a comprender plenamente los sentimientos, emociones y pensamientos reales de quienes te rodean. Luego puedes utilizar estos detalles para manipularlos y persuadirlos de que hagan lo que tú quieres. Por tanto, la psicología oscura tiene muchos usos, uno de los cuales es convencer a clientes potenciales para que se acojan a tus ofertas.

Practicar la psicología oscura también puede llegar a ser tan oscuro e intenso como persuadir a alguien para que cometa delitos o haga cualquier maldad. Ten en cuenta, sin embargo, que mientras algunos practicantes de la psicología oscura utilizan esta técnica con fines perversos y malvados, otros son lo bastante razonables y responsables como para utilizarla sólo para el bien general.

Por ejemplo, actualmente los terapeutas utilizan diversas tácticas de psicología oscura para los pacientes que quieren superar sus fobias y miedos. Los oficiales de policía también practican la psicología oscura de vez en cuando para extraer información y confesiones de testigos, sospechosos y delincuentes.

¿Es la psicología oscura lo mismo que la psicología de la manipulación?

Sí. De hecho, la psicología de la manipulación es la premisa principal de la práctica de la psicología oscura. En otras palabras, implica el uso de tácticas y técnicas de manipulación para influir y controlar las actitudes y comportamientos de quienes te rodean. Puedes utilizar dichas técnicas para explotar las vulnerabilidades y debilidades de tu objetivo. También puedes utilizarla para obtener beneficios y ganancias personales.

Un hecho clave de la manipulación es que es encubierta y sutil. Dicho esto, puede que te resulte difícil detectar si ya te han manipulado. Abarca muchas técnicas, como el engaño, las distorsiones cognitivas y la manipulación emocional. Estas técnicas pretenden que el objetivo desarrolle dudas, incertidumbres y confusión en su mente.

A grandes rasgos, éstas son las tácticas de psicología oscura más utilizadas, diseñadas para explotar los prejuicios, las restricciones cognitivas y las vulnerabilidades de las personas.

- **Manipulación emocional**: hace uso de diferentes

sentimientos y emociones para manipular e influir en los comportamientos y pensamientos del objetivo.

- **Influencia social:** utiliza la autoridad, la presión de los pares y la conformidad como medio de persuadir a los demás para que adopten comportamientos y actitudes específicos.

- **Distorsiones cognitivas:** implican el uso de falacias lógicas, atención selectiva e información errónea para moldear y formar la percepción y las creencias de los demás.

- **Mentiras y engaño:** consiste en utilizar medias verdades, información falsa u omisión para confundir y engañar al entorno.

- **Control y poder:** consiste en el uso de recompensas, castigos o amenazas como medio de afirmar el control o el dominio sobre el otro - Estas técnicas también pretenden moldear los comportamientos de los demás.

- **Imitación o reflejo:** consiste en adaptar los gestos y comportamientos de otra persona para obtener poder y control.

- **Anclaje:** a menudo ocurre cada vez que alguien negocia con otro - Aquí, una de las partes proporcionará al principio un punto de partida, que servirá como punto de referencia para el acuerdo. Entonces, la discusión o negociación se anclará o se centrará en el punto de referencia antes de que las partes exploren más a fondo los precios de ajuste para el acuerdo.

- **Sesgo de amabilidad:** opera dependiendo de las similitudes superficiales y descuidando las diferencias sistemáticas entre los puntos de vista y las creencias fundamentales de las personas - El objetivo aquí es ganarse la confianza de quienes les rodean.

- **Seducción:** pretende obtener vínculos y apegos en función de los traumas - Estos vínculos traumáticos son los que desarrollan o aprovechan las heridas psicológicas de las personas, en lugar del afecto y el amor maduros.

- **Insinuaciones:** el uso y comunicación de afirmaciones con carga emocional sin dar explicaciones explícitas sobre lo que significan - Esto puede afectar enormemente a la capacidad de alguien para tomar decisiones, puesto que ya ha sucumbido a la manipulación.

Entendiendo la Tríada de la Psicología Oscura

Al estudiar la psicología oscura, es crucial profundizar en la popular tríada que se asocia a ella. Hay que tener en cuenta que existe lo que llamamos la tríada de la psicología oscura, que se refiere a un grupo formado por tres rasgos que con frecuencia se detectan juntos en quienes practican la manipulación y demuestran falta de simpatía o empatía, e insensibilidad.

En realidad, es frecuente encontrar y reconocer estos tres rasgos en una sola persona. Sin embargo, también existe la posibilidad de ver cada uno de ellos de forma independiente. Esto significa que uno puede tener sólo uno de los rasgos de esta tríada y aun así ser capaz de practicar la psicología oscura sin ningún problema. Sin embargo, los que poseen los tres rasgos de la tríada son conocidos por ser peligrosos, por lo que debes considerar la posibilidad de evitarlos.

Narcisismo

Un rasgo de la tríada con el que has de estar familiarizado es el narcisismo. Puedes detectar comportamientos narcisistas en quienes tienden a tener un sentido superior de su propia importancia. Además de no sentir empatía por los demás, el narcisismo también hace que uno esté desesperado por ser admirado. Las personas narcisistas suelen dar prioridad a sus deseos y necesidades por encima de las personas de su entorno. Incluso es muy probable que muestren un comportamiento explotador o manipulador sólo para obtener los resultados que desean.

Psicopatía

La tríada de la psicología oscura también comprende lo que llamamos rasgo de psicopatía. Es muy probable que este rasgo concreto esté presente en quienes no tienen empatía, conciencia ni remordimientos. El problema de la psicopatía es que hace que quien posee este rasgo sea más propenso a volverse imprudente e impulsivo. También tienden a manipular, controlar o engañar a los demás. Pese a mostrar estos comportamientos negativos, son incapaces de manifestar remordimientos o sentirse culpables por las cosas que hicieron.

Maquiavelismo

El último rasgo de la tríada es el maquiavelismo, que también puede describirse como una táctica explotadora y manipuladora que favorece las relaciones sociales. Quienes poseen rasgos maquiavélicos son muy propensos a centrarse sólo en sus objetivos y necesidades. Carecen de interés por los deseos y necesidades de los demás. El maquiavelismo también les impulsará a manipular o engañar a los demás para obtener más control y poder.

Es crucial señalar que, aunque los tres rasgos mencionados pueden darse de forma independiente, a menudo puedes ver estas cualidades juntas en quienes poseen la tríada oscura. En ese caso, puedes esperar que estas personalidades de la tríada oscura sean capaces de manipular, explotar y poner en peligro a otras personas por placer y beneficio personal.

Tienes que detectar estos rasgos no sólo en ti mismo, sino también en los demás, para poder prevenir los posibles daños y perjuicios asociados a ellos. Ten en cuenta, sin embargo, que es bastante difícil identificar a las personas que poseen las cualidades de la tríada oscura. Esto se debe a que estas personas saben cómo ocultar sus verdaderas personalidades e identidades. Incluso son hábiles para parecer carismáticos, seguros de sí mismos y encantadores, a pesar de que en realidad no tienen esas cualidades.

Debes ser observador y mantenerte alerta para evitar ser víctima de quienes tienen personalidades de la tríada oscura. Evita ser víctima de ellos, de lo contrario, podrías acabar teniendo que enfrentarte a problemas psicológicos y emocionales, como traumas, depresión y ansiedad, durante mucho tiempo.

Sin embargo, si descubres que has acabado siendo víctima de ellos, actúa con prontitud buscando enseguida la ayuda y el apoyo de tus seres queridos. Incluso es útil acudir a un terapeuta que pueda ayudarte a superar sus efectos. Detectando esos rasgos y abordándolos inmediatamente, te resultará más fácil desarrollar relaciones más positivas, fuertes y saludables con quienes te rodean.

¿Deberías evitar usar la psicología oscura?

Basándonos en su nombre, cabe suponer que la psicología oscura tiene, naturalmente, efectos negativos y peligrosos. Uno de los motivos es ésta que se basa en gran medida en el engaño, la manipulación, la persuasión y otras tácticas que parecen contrastar la ética y la moral de los seres humanos. A pesar de tener muchos usos, es muy recomendable evitar practicarla en entornos profesionales.

La razón principal es que no sólo crea un entorno poco ético carente de directrices o normas, sino también porque el uso de técnicas engañosas puede hacer que la empresa sea propensa a perder la confianza de sus trabajadores. Esta práctica también puede empañar la reputación de la empresa, alienar a sus partes interesadas, socavar las relaciones laborales y afrontar problemas legales.

Sin embargo, si te tomas en serio el dominio de la psicología oscura, no sólo debes investigar exhaustivamente acerca del tema, sino que también deberás asegurarte de recibir la formación adecuada. Asegúrate de que realmente tienes un conocimiento sólido y claro de lo que es la psicología oscura. Infórmate sobre cómo utilizarla en tu beneficio, evitando al mismo tiempo sus efectos drásticos sobre las personas.

Comprende primero sus repercusiones; de lo contrario, tu uso amateur de la misma puede dar lugar a conflictos, problemas de colaboración y relacionamiento, y una comunicación comprometida tanto en tu vida personal como profesional. Aun así, no tienes por qué evitar por completo el acto de practicar la psicología oscura. Sólo comprométete a ser un usuario responsable, prudente y razonable de ella.

2

Cómo detectar un manipulador y protegerse de ellos

Los usuarios más habituales de la manipulación y la psicología oscura son los que ostentan altos cargos y poder, lo que les hace querer obtener el control total de sus objetivos. Por ejemplo, varios políticos utilizan la psicología oscura y manipulan a los medios de comunicación para que los presenten al público de forma favorable.

Los vendedores también utilizan técnicas de manipulación para persuadir a posibles clientes de que les compren sus productos, incluso aquellos que no necesitan. El jefe o dirigente de una empresa también puede querer estudiar sobre la psicología oscura para poder utilizarla en el control de sus empleados y asegurarse de que siguen haciendo lo que él quiere.

Sin embargo, recuerda que, a pesar de tener mala reputación por ser inmorales y poco éticas, la manipulación y la psicología oscura siguen teniendo usos positivos. De hecho, ciertas profesiones y grupos de personas utilizan tácticas de manipulación en beneficio de todos. Por ejemplo, un agente de la ley experto en psicología oscura puede utilizarla para obtener información más útil de los sospechosos de un delito.

La mayoría de los psicólogos también practican la psicología oscura para comprender mejor la mente de sus pacientes. Esta práctica también les ayuda a guiar a sus pacientes para que superen sus retos. Por todo ello, se puede afirmar que cualquier usuario o practicante de la psicología oscura puede obtener beneficios de ella.

Solo es extremadamente necesario comprender cómo funcionan las técnicas de la psicología oscura, para que te resulte más fácil defenderte o protegerte de ellas. Además, tus sólidos conocimientos y formación en psicología oscura te asegurarán que sólo la utilizarás para el bien en caso de que te encuentres en un estado en el que tengas que utilizar sus tácticas.

Cómo detectar a los manipuladores

Los manipuladores expertos están por todas partes, así que es probable que ya te hayas topado con uno al menos una vez en tu vida. Muchos manipuladores son incluso tan buenos en lo que hacen que ya llevan mucho tiempo abusando de su víctima sin que ésta lo sepa.

Un manipulador experto es, por tanto, difícil de descubrir, dado que trabaja con sigilo. Incluso hay casos en los que cometen delitos sin dejar huella alguna. Aun así, a pesar de tener la capacidad de trabajar sigilosamente, existe la posibilidad de que los detectes a ellos e identifiques las cosas negativas que te están haciendo. Todo lo que hace falta es practicar la vigilancia y observar las personalidades y comportamientos de todos los que se acercan a ti y te rodean.

Para descubrir y detectar a un manipulador, averigua si muestra la mayoría, si no todas, las cualidades y señales mencionadas a continuación:

Demasiado encantadores, amigables y agradables

Una cosa que puede hacer un manipulador es utilizar su comportamiento encantador y amistoso para conseguir lo que quiere, por ejemplo, sexo o poder. A los manipuladores les resulta fácil mostrar su encanto en la superficie, aunque lo que sientan en su interior sea todo lo contrario. La razón es que, además de ser despiadados, la mayoría de los manipuladores no tienen reparos en causar dolor a nadie.

Un manipulador está dispuesto incluso a practicar tácticas sucias para persuadir o seducir a alguien, cosa que una persona razonable y decente no puede hacer. Son tan apasionados del comportamiento humano que existe la posibilidad de que ya sepan lo que realmente necesitas y deseas a los pocos instantes de haberte conocido o de haberte encontrado. Al detectar tus necesidades y deseos, es muy posible que te los proporcionen. Esto acabará provocando que te vuelvas excesivamente dependiente del manipulador.

Mentiras constantes y negación

Otras áreas en las que es sabido que los manipuladores son auténticos expertos incluyen la mentira y la negación. Por ejemplo, supongamos que alguien te ha hecho algo malo y se ha comportado mal. Cuando decides enfrentarte a él, espera que lo niegue. La negación es inminente, aunque esté claro y haya pruebas de que, efectivamente, se comportó mal.

Cualquier intento flagrante de mentir o negar lo que ha hecho debería incitarte a ponerte en guardia. Si tienes pruebas, nunca permitas que su mentira o negación te confunda. Prepárate para que se hagan los inocentes cuando te enfrentes a ellos y te hagan sentir a ti, la víctima, que la confrontación es injustificada.

Además, tienes que estar muy atento para detectar la mentira de un manipulador, ya que es su arma más poderosa. El hecho de que su conciencia esté alterada significa que mentir no es gran cosa para ellos. Los manipuladores expertos ya son capaces de mentir de forma sutil y encubierta. Una señal de que ya lo están haciendo es que te oculten un número considerable de detalles importantes. También tienden a distorsionar o tergiversar la verdad, y son expertos en hacerlo.

Afortunadamente, puedes aprender a descubrir a un mentiroso y defenderte de estos manipuladores. Detéctalos enseguida haciéndoles preguntas directas sobre cosas vitales para ellos, como su familia, amigos, parientes, dirección, carrera y planes de futuro, entre muchas otras. En caso de que recibas respuestas evasivas, poco claras o vagas e incoherentes, podría ser un indicio de que, efectivamente, estás frente a un manipulador.

Ofrecen halagos y cumplidos en exceso

Recibir halagos y cumplidos definitivamente puede alegrarte el día. Estos cumplidos pueden hacerte sentir bien y de alguna manera provocar un aumento en tu confianza y tu estado de ánimo. Sin embargo, hay que tener cuidado con los halagos y cumplidos que parecen ser tan excesivos y extraños.

Si recibes este tipo de cumplidos de forma excesiva, debería alertarte para que prestes mucha atención a lo que probablemente venga a continuación. Empieza a preguntarte y a reflexionar sobre lo que esa persona quiere obtener de ti a cambio.

Te colman de regalos y favores

Algunos manipuladores también tienen esa tendencia a mostrarte su amabilidad, generosidad y simpatía incluso si es la primera vez que los ves. La próxima vez que se encuentren, espera que te colmen con un montón de favores y regalos caros, haciendo que interpretes el acto como su expresión de afecto y amor.

Sin embargo, primero tienes que averiguar si su generosidad es genuina. Determina si los regalos y favores que recibes son incondicionales, es decir, que el dador no espera que le des algo a cambio. Asegúrate de que con los regalos no pretendan sobornarte para que les concedas mayores peticiones y favores.

Si de repente alguien te colma de atenciones y regalos, sé más observador y atento e intenta prestar más atención a su verdadera intención y carácter.

Tienden a generalizar y exagerar

Muchos manipuladores también son hábiles a la hora de exagerar y generalizar. Por ejemplo, puedes oírlos decir cosas como: *"Parece que nadie se preocupa por mí ni me comprende"*. Estos manipuladores utilizarán acusaciones poco claras, para que sea más difícil detectar cualquier brecha en sus opiniones, afirmaciones o argumentos.

Hacen que su víctima se sienta culpable

Los manipuladores expertos también tienen la capacidad de utilizar la simpatía y la culpa para conseguir el control sobre cualquiera. El motivo es que la mayoría de la gente es propensa a sentirse culpable. Incluso hay casos en los que uno acaba castigándose a sí mismo por el sentimiento de culpa que tiene.

Los que tienen dotes de manipulación emocional son capaces de aprovecharse de esta vulnerabilidad natural de los humanos. Es muy probable que actúen como víctimas y te hagan recordar ciertos favores que te hicieron en el pasado. Puede que entonces te sientas obligado o empático, proporcionando al manipulador una mayor apertura para controlarte y conseguir lo que quiere.

Asociación involuntaria

Es una táctica utilizada por muchos estafadores y manipuladores para hacer sentir a sus víctimas que es necesario que formen un equipo. Esta es la razón por la que esta técnica suele implicar el uso del *"nosotros"*. Si eres el objetivo, espera que la persona que te manipula te haga sentir que ambos comparten una experiencia o un propósito, aunque en realidad no exista ninguno.

Prepárate para oír palabras y frases como *"Somos un equipo"*, *"Lo conseguimos"* o *"¿Cómo deberíamos manejarlo?"*. Observa el uso constante del *"nosotros"*, que en cierto modo puede solidificar en tu cabeza la idea de que, efectivamente, son un equipo. Ahora bien, ¿cómo puedes distinguir entre alguien que te está manipulando y controlando utilizando esta táctica o alguien que sólo intenta sinceramente ofrecerte ayuda? Te ayudará escuchar atentamente lo que te dice tu instinto o intuición.

Por ejemplo, si sientes una incomodidad extrema ante la idea de aceptar la ayuda de alguien, podría ser un indicador de que algo está mal. También puedes estar ante un manipulador si sientes la necesidad de rechazar la ayuda ofrecida, pero tienes dudas porque temes que eso te haga parecer grosero.

Parecen desinteresados

La mayoría de los manipuladores expertos también han dominado el acto de ocultar sus verdaderas intenciones, su deseo de dominación y poder, y sus objetivos y ambiciones. Dicho esto, puede que los percibas como personas genuinamente serviciales y desinteresadas durante sus primeros encuentros.

Sin embargo, ten en cuenta que se trata de manipuladores agresivos encubiertos. Utilizan esa táctica para mantener ocultos sus intereses y agendas egoístas y hacer creer que su intención es servir a una causa noble. Aunque esta técnica es habitual entre los manipuladores, es algo difícil de detectar y descubrir. Aun así, puedes reconocerlos observando atentamente sus comportamientos.

Humillación

Algunos manipuladores acaban avergonzando o humillando a sus objetivos o víctimas. Si alguien dice comentarios hirientes e insultantes sobre tu familia, tu aspecto físico, tu peso o tu carrera, entre muchos otros, deberías empezar a indagar en ello, ya que puede indicar que estás tratando con una persona manipuladora. Esto es especialmente cierto si oyes esos comentarios hirientes con demasiada frecuencia.

Ten en cuenta que entre las cosas en las que se fijan muchos manipuladores están las debilidades e inseguridades de su objetivo. No tardan en detectar tus inseguridades sobre tu peso, por ejemplo, o un rasgo facial que consideras como un defecto. El hecho de reprobar repetidamente un examen, también podría ser otro desencadenante para que empiecen a burlarse de ti.

Todo esto es obra de manipuladores que pueden intentar camuflar sus comentarios hirientes u ofensivos haciéndolos pasar por bromas. Sin embargo, deberías empezar a prestar más atención a sus palabras y declaraciones. Al hacerlo, empezarás a darte cuenta de que los comentarios supuestamente jocosos no tienen ninguna gracia.

La mayoría de estos comentarios tienen incluso matices poco amistosos. En realidad, estos manipuladores intentan en secreto que te sientas mal contigo mismo y, en última instancia, su propósito es hundirte. Esto significa que intentan utilizar técnicas de humillación para que su objetivo o víctima empiece a sentirse indigno o inadecuado. Cuando eso ocurra, trabajarán para que te sometas a ellos. Esta poderosa técnica puede hacer que desarrolles una sensación de inadecuación, lo que favorecerá a los manipuladores que intentan dominar a la gente.

¿Cómo defenderse de los manipuladores y los usuarios de la psicología oscura?

Conocer las señales de advertencia de la manipulación debe ser el primer paso que debes dar en tu intento de defenderte de los manipuladores y los usuarios de la psicología oscura. Conociendo estas señales, podrás detectar enseguida si alguien te está usando y controlando. Sin embargo, esto no significa que debas estar constantemente paranoico. Lo que debes hacer, en cambio, es salvaguardarte no sólo a ti mismo, sino también a tus seres queridos de los manipuladores expertos.

Si sientes que alguien intenta controlarte y manipularte, ten la seguridad de que aún hay formas de luchar y vencer sus perversas maneras, entre ellas las siguientes:

Toma conciencia

Empieza a conocer mejor la psicología oscura y la manipulación. Así, podrás localizar inmediatamente a los manipuladores y hacerte una idea de lo que te están haciendo. En la mayoría de los casos, el intento de manipularte puede acabar provocando que te sientas culpable, ansioso, furioso, molesto y presionado.

Los sentimientos que desarrollas cuando tratas con un manipulador también pueden provocarte confusión y perplejidad, ya que no puedes detectar por qué sientes esas emociones. Si experimentas eso, considéralo una bandera roja. Debería servirte de advertencia de que ahora tienes que empezar a ser más precavido cuando interactúes con la gente.

Haz preguntas sobre las cosas que te piden que hagas

Un hecho sobre los manipuladores es que si empiezas a desafiar sus objetivos y su forma de pensar, también se replantearán sus tácticas e incluso dejarán de utilizarlas. Es importante responder a tiempo, así sabrás inmediatamente si alguien está en camino de controlarte.

Si te piden que hagas algo, indaga o pregunta primero. Sin embargo, tus preguntas e indagaciones no deben sonar como si les estuvieras acusando. El hecho de que preguntes ya debería hacerles ver que te sientes incómodo con lo que están haciendo y que estás dispuesto a defenderte. Algunos ejemplos de preguntas que puedes hacer al manipulador son las siguientes:

"¿Obtendré algo con esto?"

"¿De verdad esperas que haga esto?".

"¿Crees que es justo que yo sea el único que haga esto?".

Declara tu postura

Siempre que sientas que alguien intenta jugar contigo o influenciarte, debes ser capaz de mostrar tu postura segura y firme al respecto. Declara tu postura diciéndole que dejarás de interactuar o relacionarte con él si sigue utilizando técnicas oscuras. Por ejemplo, puedes decirle clara y directamente a tu manipulador que no funcionas como ellos quieren.

También puedes expresar claramente lo incómodo que te sientes con la dirección de la interacción. Otra cosa que puedes hacer es decirle francamente que no te gusta cómo pretende manejar el encuentro y la situación. Esto es una clara indicación de que no tienen ninguna posibilidad si intentan controlarte e influir en ti.

Decidir qué hacer a continuación

Averigua si debes seguir adelante con la interacción o no. ¿Estás dispuesto a dar a la persona que te manipula la opción de utilizar otro método de interacción o compromiso contigo, o prefieres seguir adelante y abandonar la situación actual? En otras palabras, tienes que decidir si debes continuar o detener tu relación con el manipulador.

Tu decisión, sin embargo, debe basarse en la forma en que reciben tu comentario. Reflexiona sobre cómo responden a los límites y fronteras que establezcas, ya que el único que puede responder si continuar la interacción eres tú. También puede resultarte difícil romper la relación si se trata de un pariente cercano o de un colega. Si es así, te ayudará distanciarte y crear un plan estratégico que te ayude a tratar con esa persona.

El arma definitiva contra los manipuladores: practicar la psicología oscura tú mismo

Por supuesto, el secreto definitivo para luchar contra los manipuladores y defenderte de ellos es saber exactamente cómo funciona la psicología oscura. Tienes que aprender los pormenores de la psicología oscura y comprender cómo practicarla tú mismo. Ten en cuenta que, dependiendo de la situación concreta en que te encuentres, una determinada táctica de psicología oscura será más o menos poderosa o eficaz.

Si comprendes mucho mejor la psicología oscura, podrás evitar que te manipulen. Incluso puedes utilizar tus conocimientos para darle la vuelta a la situación, convirtiéndote en el manipulador y utilizando sus inseguridades y debilidades en su contra. He aquí los campos específicos en los que las tácticas de la psicología oscura se considerarán útiles.

Citas

La psicología oscura tiene muchos principios y tácticas aplicables a las citas. Independientemente de las técnicas que se utilicen, el objetivo del uso de la psicología oscura en este campo seguirá siendo el mismo: obtener lo que desean de todas sus interacciones románticas. Una técnica eficaz para desarrollar una sensación de control y poder sobre alguien en este campo, es manipular sus sentimientos y emociones.

Un ejemplo es conocer sus inseguridades y jugar con ellas. Puedes hacerlo si flirteas con tu objetivo y luego sugieres la posibilidad de que pierdan a su pareja en cualquier momento. También es posible aprovechar su fuerte deseo de ser validado socialmente haciéndole cumplidos abundantes e ignorando sus defectos e imperfecciones. Esto es lo que llamamos bombardeo amoroso.

Independientemente de la técnica que elijas, tienes la seguridad de que la psicología oscura dispone de muchas herramientas eficaces que te proporcionarán ventajas estratégicas y poderosas en la escena de las citas.

Interacciones sociales

Como ya sabrás, la psicología oscura aborda las facetas más oscuras de los seres humanos, como la manipulación, la culpabilización y el engaño. Puedes esperar que estos comportamientos se manifiesten de forma natural de diversas maneras, especialmente cuando desarrollas interacciones sociales y relaciones interpersonales.

Por ejemplo, uno puede enfadarse mucho o volverse agresivo cuando discute acaloradamente con un pariente o una pareja romántica. Tu conocimiento de la psicología oscura también te ayudará a aplicar esta técnica en todas tus interacciones sociales, para que también puedas evitar la posibilidad de ser una víctima.

Entornos empresariales competitivos

También son muchos los que practican la psicología oscura en entornos empresariales y lugares de trabajo. Puedes ver que esta táctica se utiliza habitualmente en ventas y marketing, ya que suele implicar la manipulación de las respuestas y reacciones emocionales de las personas para obtener una ventaja competitiva en el mercado.

Una empresa puede incluso obtener una ventaja competitiva y más posibilidades de aumentar sus ventas si su equipo utiliza apelaciones emocionales y lenguaje persuasivo. El fin en este caso es fomentar determinadas respuestas de su objetivo, como el rechazo, el miedo y la excitación.

Aparte de las ventas y el marketing, la psicología oscura te resultará útil cuando intentes conseguir un dominio estratégico en el lugar de trabajo. Por ejemplo, puedes utilizar ciertas técnicas de negociación y persuasión para obtener una influencia subliminal sobre tu objetivo, aunque debes asegurarte de no recurrir a tácticas deshonestas y sin escrúpulos.

Política

Los políticos también son conocidos por ser los usuarios más habituales de la psicología oscura. De hecho, hace ya varios siglos que la psicología oscura se practicó por primera vez en política. Los usos habituales de la psicología oscura en el mundo de la política incluyen formar divisiones, lavar el cerebro, explotar las vulnerabilidades de la gente y jugar con las cosas que les dan miedo.

Los que se dedican a la política y son hábiles en el uso de la psicología oscura ya dominan el acto de cultivar la mentalidad de "nosotros contra ellos". El resultado es el conflicto y la división. Los políticos también saben jugar con los miedos de la gente y explotarlos basándose en sus vulnerabilidades.

Su objetivo al hacerlo es conseguir el voto de la gente o persuadirla para que apoye las políticas que proponen. La psicología oscura te da la opción de utilizar sus tácticas para el bien o para el mal, pero en lo que se refiere a la política, los expertos en ella la utilizan para obtener ventajas o hacerse aún más poderosos.

3
Técnicas de psicología oscura - Manipulación verbal y no verbal

C omo ya sabrás, la manipulación es la técnica clave de la psicología oscura. La manipulación es tan común en este campo, que incluso quienes no están familiarizados con la psicología oscura intentan manipular a los demás. Ésta es la razón por la que las tendencias manipuladoras siguen aflorando en casi todo tipo de relaciones.

Cualquiera puede experimentarlo en cualquier relación que tenga con los demás. Puede tratarse de amigos, padres, familiares y parejas sentimentales. Tu jefe y tus colegas pueden incluso tener tendencias manipuladoras y puede que ya las hayan estado utilizando contigo sin que lo sepas.

El problema es que no es tan fácil reconocerlas y detectarlas. Incluso hay casos en los que la manipulación en ciertas relaciones es tan eficaz y a la vez tan sutil que puedes acabar dudando de cómo percibes toda la situación, en lugar de los motivos y acciones de la persona que aparentemente te está manipulando.

El gaslighting, que también se tratará en este libro, hace aún más difícil discernir y detectar las tácticas manipuladoras. Aun así, puedes evitar ser víctima de los manipuladores si te informas sobre la psicología oscura y aprendes algunas tácticas y juegos psicológicos y de manipulación que también puedes utilizar contra ellos.

¿Qué es exactamente la manipulación?

La manipulación ocurre cuando se ejerce una influencia que puede dañar o poner en peligro a las personas. Comprende acciones y comportamientos manipuladores utilizados por alguien para obtener control o influencia sobre el otro. Es un tipo de agresión psicológica que comprende comportamientos frecuentemente relacionados con la violencia íntima.

Existe la posibilidad de que te estén manipulando si alguien ataca tu lado emocional o mental para conseguir sus objetivos y deseos. Quien tiene tendencias manipuladoras, denominado manipulador, intenta formar un desequilibrio en lo que se refiere al poder. Lo hace explotando a su víctima con el objetivo de obtener poder, control y privilegios, entre otros muchos beneficios.

Una cosa a tener en cuenta sobre la manipulación es que se da tanto en las relaciones casuales como en las cercanas. Aunque es más frecuente en las relaciones íntimas. En general, trata de influir en los sentimientos, emociones y juicios de una persona para que acabe actuando o sintiendo de la forma que pretende el manipulador.

Los manipuladores expertos ya tienen unos cuantos trucos en la manga que les ayudan a conseguirlo. Utilizarán esos trucos, como la culpa, las comparaciones, la negación, la mentira, las quejas, los juegos mentales, la inocencia o ignorancia fingidas y la culpa, para cuestionar tu pensamiento racional y lógico, aumentando así la probabilidad de que accedas a ellos o te sometas a sus peticiones.

Por tanto, si eres víctima de manipuladores, te costará detectar y expresar tus necesidades y deseos de forma sana y adecuada. Es útil ser más consciente de estas tendencias manipuladoras -ya sean verbales o no verbales- para poder protegerte.

Etapas de la manipulación

La mayoría de las tendencias manipuladoras son sutiles e indetectables. Sin embargo, ten en cuenta que básicamente tiene cuatro etapas que debes conocer y comprender:

- **Adulación** - Se considera la primera etapa de la manipulación, que implica que el manipulador monte un espectáculo o una fachada de que es servicial, cariñoso y amable. Parecería que se acerca a ti para ofrecerte ayuda genuina, aunque, en realidad, su objetivo es engañarte para que te sometas.

- **Aislamiento** - En esta fase, el manipulador empezará a aislarte de las personas cercanas a ti, incluidos tus familiares y amigos. Esto puede ocurrir después de convencerte de que tus allegados no te quieren de verdad ni te comprenden, y que lo único que quieren es controlarte. En la mayoría de los casos, el manipulador hace esto para alejarte de quienes cree que también te manipularán.

- **Luz de gas (Gaslighting) y devaluación** - En esta tercera etapa, el manipulador probablemente hará cosas que te confundirán o te harán sentir culpable. Esto puede ocurrir cuando empiecen a decirte lo desagradecido que eres o cómo les haces sentir tristes.

  Cuando el manipulador llega a esta fase, su objetivo es crear dudas y confusión en su interior. Te incitarán a dudar de tus decisiones e instintos. Es bastante difícil liberarse del control de un manipulador si llegas a esta etapa, así que tienes que ser muy perspicaz en la lectura de las personas para evitar ser víctima de los abusivos y manipuladores.

- **Violencia o miedo** - Ésta es la última etapa de la manipulación, que ya viene acompañada de amenazas. Tu manipulador te presionará y expresará amenazas de herirte o abandonarte. Hacen esto para poder seguir controlándote a través del miedo.

Manipulación verbal

Las palabras y el lenguaje tienen mucho poder. Con las palabras, puedes establecer cercanía y conexión con los demás. También utilizas las palabras para comprender a las personas que te rodean, obtener consuelo y buscar ayuda. Sin embargo, también hay varios casos en los que las palabras tienen un impacto negativo, es decir, cuando se utilizan para crear distancia, herir a los demás o generar malentendidos.

Incluso es posible que las palabras se conviertan en una especie de maltrato psicológico y verbal, aunque parece estar enmascarado y ser menos sutil cuando se aplica a las relaciones. A pesar de estar enmascarados, la manipulación y el abuso verbales acabarán haciéndose notar, pues provocan frustración, insatisfacción y sumisión forzada.

Si quieres entender qué ocurre exactamente en la manipulación verbal, ten en cuenta que abarca ampliamente distintas actitudes y comportamientos, concretamente los que van más allá de las amenazas y los insultos. En la mayoría de los casos, la manipulación verbal se produce incluso subrepticiamente. El hecho de que esta forma de manipulación provenga a menudo de personas que conoces, incluso de tus seres queridos, hace que sea aún más difícil de reconocer y admitir.

He aquí las tácticas de manipulación verbal más utilizadas para ayudarte, al menos, a detectar inmediatamente cuándo alguien intenta controlarte y manipularte:

Culpabilidad

Esta táctica de manipulación verbal consiste en que el manipulador haga que su víctima se sienta culpable o responsable de su decisión o acción. El manipulador probablemente utilizará como argumento algo que haya hecho antes por ti. Esto hará que no tengas más remedio que acceder a su petición. Algunos ejemplos verbales de culpabilización son:

"Deberías hacer esto por mí. ¿Recuerdas cómo te ayudé a ir a la universidad? No habrías podido llegar a esa etapa sin mí".

"Me merezco todo el mérito. Yo puse todo el esfuerzo en este proyecto mientras que a ti sólo te asignan hacer lo fácil".

"No tiene sentido organizar una fiesta de cumpleaños e invitar a todos los demás si no tienes pensado venir".

Con estos ejemplos, cabe suponer que esta técnica de manipulación verbal te recuerda las cosas que le debes a alguien. El manipulador también puede acabar haciéndose la víctima para que te sientas aún más culpable.

Bloquear el diálogo

Esta táctica puede llevarse a cabo distrayéndote del conflicto o problema principal. En otras palabras, tu atención principal ya no estará en el problema real, puesto que tu atención se desviará hacia otro. Cuando alguien te manipule mediante esta técnica, espera que sea él quien decida los temas de comunicación apropiados para ambos.

En otras palabras, bloqueará cualquier tema que considere delicado e inapropiado. Esto es especialmente cierto para los temas que consideren que socavarán su posición de poder en su relación. Si hay un conflicto y ambas partes lo conocen, es probable que tú, la víctima, no puedas hablar del tema porque tienes miedo de cómo reaccionará el otro. Si sueles sentirte así, podría ser que, efectivamente, alguien te ha convertido en blanco de manipulación.

Trivialización/Descalificación

En esta técnica de manipulación verbal, notarás que alguien intenta minimizar o desacreditar tu mundo interior. Esto significa que suelen invalidar tus ideas y sentimientos. Suelen hacerlo verbalmente en forma de broma o crítica, pero el propósito último es restar importancia o invalidar tu realidad interior. Siempre que estés con el manipulador, sentirás que tus emociones, acciones y pensamientos son muy triviales e insignificantes, lo que hace que los percibas como indignos de tu tiempo y atención.

Podrás leer a alguien que intenta manipularte verbalmente si notas que trivializa todas las cosas que sugieres o dices. Incluso hay casos en los que te niega la validación emocional que necesitas para hacerte más fuerte y reforzarte.

Las palabras que salen de sus bocas suelen ser etiquetas degradantes, como que eres extremadamente infantil, inexperto y sensible. Oír esas palabras de personas a las que quieres y en las que confías es tan degradante que empezarás a dudar y a cuestionarte a ti mismo y tus propias opiniones. Lo peor que puede ocurrir es que te sientas extremadamente mal por tus propios pensamientos y sentimientos. Empezarás a creer que cada respuesta o reacción que tienes es inapropiada o equivocada.

Negación flagrante

Otra técnica habitual de los manipuladores verbales es la negación flagrante o la tendencia a rechazar la autorresponsabilidad. Sabrás que alguien utiliza esta técnica si parece incapaz de reconocer sus errores. Tienden a negar sus malos comportamientos, así como el resultado de sus comportamientos y errores. En esta técnica, el manipulador rechazará descaradamente la responsabilidad y se negará a admitir que sus palabras, comportamientos y acciones han tenido consecuencias nefastas.

Incluso si el comportamiento erróneo o el error son tan evidentes, el manipulador encuentra siempre una forma de racionalizarlo o justificarlo. Sin embargo, esta negación de la responsabilidad puede hacer que cese la relación. Como tú eres la víctima, también serás vulnerable a la fuerza y la presión de tener que llevar tú sola el peso y la carga, supuestamente compartidos por los dos.

Criticar y culpar

Consiste en usar tanto la culpa como la manipulación para intentar responsabilizar al otro de algo. En esta táctica, el manipulador culpará a su víctima u objetivo de todos los problemas y conflictos que se produzcan en su relación. Incluso existe la posibilidad de que te culpe y critique incluso por sus propios fracasos e insatisfacciones vitales. Es su forma de someterte a ti o a cualquiera de sus víctimas.

El manipulador también puede usar las críticas como instrumento para controlarte. El hecho de recibir juicios y críticas constantes puede hacerte perder la autoestima y la confianza en ti mismo. Si sucumbes a la vulnerabilidad psicológica provocada por la manipulación, es probable que aceptes la culpa y la culpabilidad que intentan atribuirte. Tarde o temprano, acabarás accediendo a sus deseos y sometiéndote a sus exigencias.

Agresión pasiva

La agresión pasiva también es otra forma de manipulación verbal. En esta técnica, el manipulador utiliza comportamientos o afirmaciones pasivo-agresivas, provocando angustia cuando sus comportamientos no son compatibles con las palabras que suelta. También pueden tomar represalias en caso de percibir una ofensa, mientras se mantienen al margen del conflicto. Una situación que muestra agresión pasiva es cuando uno se comporta de forma que se siente frustrado y molesto, pero no comunica esos sentimientos directamente.

La capacidad de detectar la manipulación verbal, como sus tácticas aquí mencionadas, es un paso crucial para frenarla y detenerla. Por eso es realmente necesario observar atentamente. Presta atención incluso a los indicadores más pequeños de que tu comunicación y discusión con alguien ya han resultado ser que estás a punto de convertirte en una víctima de la manipulación.

Averigua si hay señales de que ambas partes ya se están saliendo de los caminos asertivos habituales. Aparte del lenguaje y las palabras que salen de la boca del presunto manipulador, otra señal crucial es cuando la charla o discusión provoca nuevos problemas y conflictos en lugar de resolver los anteriores.

También puede acabar aumentando la insatisfacción. Una vez que lo hayas confirmado, es hora de hacer algo para detenerlo. La razón es que el manipulador puede usar el conflicto como instrumento para obtener más beneficios de tu relación con él y aprovecharse de ti.

Manipulación no verbal - Lenguaje corporal y expresiones faciales

También hay varios casos en los que los manipuladores controlan a sus víctimas sin usar palabras. Es lo que llamamos manipulación no verbal, que puedes detectar leyendo el lenguaje corporal y las expresiones faciales. Ahora bien, ¿cómo puedes detectar a alguien que ya te está manipulando de forma no verbal? Presta atención a estas señales de lenguaje corporal y expresiones faciales:

Golpeteo con los pies

Si hablas con alguien que da frecuentes golpecitos con los pies, puede ser un indicio de que está impaciente y molesto. Es una forma que tiene el manipulador de transmitir esas emociones intencionadamente. También puedes notar que empieza a hacer clic con una lapicera. Cuando aparecen esas señales corporales, la víctima puede estar a punto de sentirse culpable. El golpeteo de los pies puede incluso hacerla propensa a precipitar su decisión, que es algo que al manipulador le gustaría conseguir.

Rascarse la barbilla

Quien intenta manipularte también puede rascarse la barbilla de vez en cuando para demostrar su escasa confianza e incertidumbre. Suelen usar esta técnica para obligarte a acceder a sus peticiones. En cuanto te des cuenta de que se sienten inseguros, puede que sientas el impulso de hacer algo por ellos y en su nombre.

Aunque inicialmente no te apetezca hacerlo, la expresión de duda e incertidumbre en sus rostros te empujará a darles lo que te piden. Sin embargo, ten en cuenta que hay casos en los que simplemente fingen esas emociones. Si notas que siguen rascándose la barbilla, aunque estés seguro al cien por cien de que pueden hacer lo que te están pidiendo, hay muchas probabilidades de que te estén manipulando.

Parpadeo rápido y contacto visual prolongado

El ritmo de parpadeo y la mirada que te dirige alguien es un indicador de su estado interno. En general, las personas parpadean de cuatro a cinco veces cada minuto. En otras palabras, ambos ojos sólo tienen que parpadear una vez cada doce o quince segundos aproximadamente. Si observas un número de parpadeos significativamente superior al habitual, es muy probable que la persona esté nerviosa y quizá tensa, ya que está intentando manipularte para que estés de su parte

Si es capaz de mirarte directamente a los ojos cuando habla, existe la posibilidad de que te esté prestando verdadera atención y se interese por ti. Sin embargo, un contacto visual prolongado debería ser motivo de preocupación, ya que puede hacer que te sientas en peligro. Desconfía también si tu interlocutor interrumpe constantemente el contacto visual. Esto significa que suele apartar la mirada. Esta señal corporal podría significar que está incómodo, distraído o que intenta ocultar sus verdaderos sentimientos.

Frotarse el cuello y la mano

También debes tener mucho cuidado cuando observes que alguien se frota continuamente las manos mientras habla contigo. El motivo es que este lenguaje corporal podría indicar que está transmitiendo su dominio, poder, prisa y enfado.

Una persona que experimenta estrés en ese momento también puede acabar frotándose el cuello. Puedes ver esta señal corporal en manipuladores que se sienten algo estresados y culpables, pues intentan explotar a alguien. También es muy probable que te estén manipulando si el frotamiento del cuello y la mano es una acción que la persona no hace de forma natural.

Cambio constante de posiciones corporales

Si sientes que te están controlando, puedes confirmar tu sospecha observando el número de veces que cambian la posición de su cuerpo. Un cambio constante de la posición del cuerpo podría ser una forma que tienen los manipuladores de hacerte creer que se sienten incómodos.

La razón es que es natural que la mente de los humanos detecte el malestar en las personas y ofrezca alivio y consuelo.

Dicho esto, correrás el riesgo de ceder a las exigencias de alguien si sientes que se siente incómodo debido a sus constantes cambios de postura.

Señales corporales que violan o invaden tu espacio personal

Los manipuladores expertos también suelen hacer de las suyas adentrándose en la burbuja personal o invadiendo el espacio de su víctima. Suelen hacerlo como medio de crear una fingida sensación de intimidad. Por mucho que retrocedas o te alejes para recuperar tu propio espacio, sigue existiendo la posibilidad de que se inclinen muy cerca de ti.

Incluso hay casos en los que siguen tocándote el hombro o el brazo para formar de algún modo un vínculo. Si observas tales acciones, mantente más alerta para asegurarte de que no acabarás cayendo en la trampa de los manipuladores. Tienes que conocer a fondo los gestos típicos, las expresiones faciales y el lenguaje corporal de la gente.

Así podrás detectar con facilidad si hay desviaciones o cambios en su forma natural de comportarse. En cuanto notes que se apartan de sus comportamientos habituales mediante el lenguaje corporal, es decir, sin decir una palabra, existe la posibilidad de que, efectivamente, te estén manipulando de forma no verbal.

Como ya conoces el lenguaje corporal habitual que indica manipulación, puedes leer inmediatamente sus verdaderos motivos e intenciones, dándote la oportunidad de escapar de la situación antes de que te victimicen.

4

Manipulación, explotación y control emocional

Por supuesto, a estas alturas ya sabrás que la manipulación consiste en intentar controlar a alguien o algo. Supongamos que usas las manos para manipular algo. En ese caso, tienes que ponerlo en una posición que sea compatible con tu intención. Una situación de ejemplo es si eres artista y decides convertir un trozo de arcilla en cerámica.

Ten en cuenta, sin embargo, que los humanos somos en realidad más difíciles en comparación con las cosas. La razón es que estamos diseñados para tener nuestros propios razonamientos. En otras palabras, es natural que los humanos tengamos necesidades, intereses, deseos, creencias y principios únicos. Todo ello te guía en tu viaje por la vida.

Sin embargo, a pesar de tener tus propios pensamientos y creencias, no eres completamente inmune a los manipuladores. De vez en cuando, te encontrarás con manipuladores que intentarán controlarte usando tus emociones.

Si percibes que alguien usa y explota tus emociones para satisfacer sus propios intereses y obtener beneficios, puede que estés bajo el hechizo de la manipulación emocional. Lo mismo ocurre si también utilizan tus emociones para influir en tus propias creencias e ideales y mantener tus comportamientos bajo control. Algunos manipuladores usan esta táctica en caso de que estén desesperados por controlarte pero parezcan tener dificultades para hacerlo físicamente.

Definición de manipulación emocional

La manipulación emocional entra dentro de la clasificación de manipulación psicológica. En esta técnica, el manipulador buscará una forma de controlar tus emociones. A menudo lo hace mediante la coacción, la persuasión y el chantaje emocional. El objetivo es explotar, influir o controlar emocionalmente a alguien para obtener una ventaja.

La manipulación emocional es habitual en casi todo tipo de relaciones. Este tipo de manipulación puede existir como un tipo de abuso en sí mismo. Sin embargo, también hay casos en que se practica junto con otros tipos de maltrato. Puede tratarse de maltrato físico, espiritual y psicológico. Ten en cuenta, sin embargo, que también es algo difícil identificar la presencia de manipulación emocional, ya que una parte de su propósito u objetivo principal es seguir haciendo que la dinámica de poder sea desigual.

Toda la táctica suena maliciosa, pero ten en cuenta que no se produce totalmente por pensamientos conscientes. Hay casos en los que la manipulación emocional se convierte en una segunda naturaleza, habitual o arraigada, como resultado de una experiencia adversa o de un trauma previo, especialmente de la infancia.

Quienes sufrieron abusos anteriormente también corren el riesgo de desarrollar tendencias y comportamientos manipuladores. El motivo es que quienes abusaron de ellos en el pasado pueden haberles castigado cada vez que intentan expresar y demostrar sus deseos y necesidades de forma directa y sana.

Algunos actúan de forma manipuladora porque proceden de hogares en los que todas las formas de manipulación son comportamientos rutinarios. Esto les impidió aprender otras formas sanas y racionales de expresar y comunicar sus pensamientos y sentimientos. Independientemente del motivo del comportamiento, a menudo puedes ver que la manipulación emocional se practica en las relaciones tóxicas y abusivas.

Ten en cuenta, sin embargo, que aunque esta forma de manipulación, cuando se aplica en las relaciones, se da en un espectro, no puedes esperar que tenga mala intención todo el tiempo. Ten en cuenta también que el abuso puede ser manifiesto o encubierto.

Por ejemplo, supongamos que un jefe da un feedback positivo a uno de sus empleados. Esta forma de feedback suele darse para reforzar positivamente los buenos comportamientos y animar a los empleados a seguir practicando ese buen comportamiento. En este caso, el jefe está animando al empleado a seguir mostrando comportamientos positivos. Esto demuestra que no hay mala intención en esta situación.

¿Cómo saber si estás siendo manipulado emocionalmente?

Ahora bien, ¿cómo puedes saber si alguien ha estado usando tus emociones para controlarte y manipularte? Presta atención a las siguientes señales y comportamientos, para que puedas actuar de inmediato en caso de que estés siendo objeto de manipulación emocional.

Mantiene lo que llamamos la "ventaja de ser locatario"

¿Estás actualmente en tu terreno, como tu propia casa o un lugar determinado que consideras tu refugio seguro? Entonces seguramente te sentirás fortalecido. Si es así, tienes que tener cuidado cuando alguien siga insistiendo en que solo se reúnan en su casa. La razón es que podría indicar su intento de formar un desnivel o desequilibrio de poder.

Puesto que estás en su espacio seguro, espera que afirme que es su dueño. Esto no te dejará nada más que en desventaja. Un par de ejemplos que indican que te están manipulando emocionalmente son los siguientes:

"Esta noche tengo una agenda muy apretada, así que no puedo acompañarte. Hazme una visita a la oficina en su lugar".

"Ya sabes que está muy lejos de mi casa. Si quieres, puedes venir aquí esta noche".

Capaces de entablar una relación íntima con alguien rápidamente

En otras palabras, es probable que los manipuladores emocionales se salten varios pasos en la etapa habitual de conocerse. De hecho, aunque acaben de conocerse, pueden compartir los secretos, vulnerabilidades y debilidades que intentan ocultar a cualquier otra persona.

Sin embargo, ten en cuenta que este movimiento suele ser fingido. La verdad es que te están contando sus "secretos", para que te sientas especial. Esto puede incitarte a abrirte sobre tus secretos y algunas sensibilidades. El problema de esto es que los manipuladores pueden usar esa información contra ti tarde o temprano.

Te permite hablar primero

Esta famosa técnica se usa a menudo en las relaciones de negocios. Sin embargo, ten en cuenta que también pueden utilizarla personalidades diferentes. Si alguien que pretende hacerse con el control se acerca a ti, es posible que te haga preguntas de sondeo como comienzo. Esto puede dar lugar a que compartas tus pensamientos y preocupaciones desde el principio.

Un recordatorio crucial es que, en este caso, el manipulador suele tener una agenda oculta. En la mayoría de los casos, las respuestas que obtuvieron de ti podrían usarse pronto para manipular tus comportamientos y decisiones.

Tergiversa los hechos

Quienes se dedican a la manipulación emocional ya dominan el arte de cambiar o alterar la realidad mediante afirmaciones erróneas, mentiras y embustes. Con frecuencia lo hacen para provocar confusión. Estos manipuladores tienden a exagerar ciertas ocasiones y acontecimientos para parecer más vulnerables.

También es probable que infravaloren el papel o papeles aportados por ellos en un conflicto, para seguir ganándose simpatías. He aquí un par de casos en los que se usa este indicador de manipulación emocional.

"Intenté preguntarle sobre este proyecto en concreto, pero acabó gritándome por no contribuir en nada. Seguro que conoces mis aportaciones, ¿verdad?

"Lloré toda la noche. Ni siquiera dormí bien a causa de esta situación".

Bullying intelectual

También existe la posibilidad de que alguien te esté manipulando emocionalmente si sientes que te intimida intelectualmente. Estás siendo objeto de intimidación intelectual si alguien tiende a abrumarte con un montón de datos, jerga compleja y estadísticas cuando hablan o le haces una pregunta.

Una de las razones por las que los manipuladores hacen esto es que les gustaría que quienes les rodean les consideraran expertos. Con ello, esperan imponerte lo que saben. Este tipo de manipulación se ve con frecuencia en situaciones de ventas y financieras. Supongamos que todavía eres principiante en un campo concreto. En tal caso, alguien puede decirte que sus expectativas sobre ti no son tan altas porque, al ser principiante, significa que aún no puedes comprenderlo todo.

También puede ser que te digan que tienen que explicarte las cosas más despacio y a fondo porque se trata de muchas cifras y datos. Si un supuesto experto sigue diciéndote esas cosas, puedes acabar sintiendo que no sabes nada, lo que a la larga podría mermar tu confianza.

Te hace sentir culpable y arrepentido cada vez que expresas tus preocupaciones

Los manipuladores emocionales también tienen la capacidad de responder a tus sugerencias, preguntas y preocupaciones de forma agresiva. Cada vez que expresas tus preocupaciones, puedes acabar sintiéndote mal y arrepentido, ya que hay muchas probabilidades de que dé lugar a conflictos y discusiones.

En la mayoría de los casos, los manipuladores llevan a cabo esta técnica para tener una influencia y un control significativos sobre tus decisiones y elecciones. También es posible que usen la situación en la que te encuentras para sentirse realmente culpables de que hayas expresado tus preocupaciones y opiniones en primer lugar.

Trato silencioso

Algunos manipuladores también acaban dándote el trato silencioso o ignorándote por completo. No responden a tus correos electrónicos, llamadas, preguntas y mensajes de texto, aunque todo esté dentro de lo razonable. Lo que hacen es hacerte esperar y sembrar la incertidumbre y la duda en tu mente, para poder presumir y mostrar su poder. Usan el silencio como arma de presión y, aunque hay ocasiones en las que es correcto pedir tiempo y espacio, usar el trato silencioso para castigarte se considera manipulador.

Utiliza el humor negativo

Alguien también está usando tus emociones para seguir manipulándote si con frecuencia hace comentarios y observaciones críticas que suele disfrazar en forma de sarcasmo y humor. Esta acción tiene como objetivo hacerte sentir menos seguro, lo que te lleva a sentirte muy inferior.

Algunos ejemplos de comentarios en los que se aplica el humor negativo son los que tienden a degradar tu aspecto físico, las cosas que posees, como un smartphone de modelo anterior, así como tus competencias y procedencia. En este caso, el objetivo de tu manipulador es hacerte quedar mal y sentirte mal para poder seguir exhibiendo su superioridad psicológica.

Técnicas de manipulación emocional

Ahora que conoces algunos indicadores de que estás siendo manipulado emocionalmente, es hora de que conozcas las tácticas específicas que usan los manipuladores en este aspecto. Básicamente, aquí se juega principalmente con tus emociones. En general, la manipulación emocional usa un tipo de comportamiento que gira en torno a técnicas manifiestas y sutiles para influir y controlar no sólo tus emociones, sino también tus comportamientos y pensamientos.

Una vez más, es algo difícil de detectar, aunque tiene la capacidad de causar a la víctima un daño emocional intenso a largo plazo. Por eso tienes que equiparte con la información más relevante sobre las tácticas de manipulación emocional más utilizadas. Este conocimiento te servirá de protección frente a estos manipuladores atroces.

Entre las tácticas que usan los manipuladores emocionales están las que giran en torno a las comparaciones hirientes, la negación de los hechos y la mentira. El silencio, la exageración y la ocultación de elementos y detalles cruciales y valiosos también entran dentro de las tendencias manipuladoras. Todas estas tácticas y comportamientos tienen efectos perjudiciales para tu integridad emocional y mental, por lo que deberías empezar a estar más alerta.

Bombardeo amoroso e idealización

El bombardeo amoroso se refiere a una táctica manipuladora, que consiste en proporcionar a la víctima una atención excesiva. Si eres el objetivo o la víctima, es muy probable que con frecuencia te colmen inapropiadamente no sólo de regalos materiales, sino también de tiempo, afecto y cumplidos o halagos. Aunque estos regalos son maravillosos, también son muy confusos. Ya se habla de bombardeo amoroso cuando la entrega de regalos acaba resultando tan embelesadora. Sentirás que ya es excesivo y que acapara toda tu atención.

Puede que al principio te sientas increíble cuando te colmen de regalos materiales e inmateriales, pero al final suele hacer que te sientas aislado. Esto te hace incluso propenso a perder de vista tu verdadero yo. El problema es que si acabas dejándote arrastrar por los regalos y gestos, puedes notar que la atención cesa o disminuye de repente. El resultado es que sientes que eres tú quien la persigue y la busca.

En realidad, el bombardeo amoroso es una de las herramientas de manipulación más utilizadas por quienes padecen un trastorno narcisista de la personalidad. La razón es que llama tu atención una vez que empiezas a aislarte no sólo de tus seres queridos, sino también de tus objetivos vitales.

Si te sientes víctima del bombardeo amoroso, asegúrate de tener paciencia contigo mismo. Trabaja también en perdonarte a ti mismo. Ten en cuenta que también puedes evitar el bombardeo amoroso en primer lugar si pasas tiempo de calidad con tus seres queridos con regularidad. Asegúrate también de dedicarte a tus pasiones e intereses particulares, que no incluyan al supuesto manipulador.

Otra cosa que deberías hacer es comprobar y reflexionar sobre ti mismo a menudo. Al hacerlo, tendrás la seguridad de que estarás continuamente alineado con tus propias normas y valores establecidos.

Luz de gas (Gaslighting)

Otro medio insidioso de manipular emocionalmente a alguien es la luz de gas. Es insidioso y engañoso en el sentido de que acaba provocando que empieces a dudar de tus percepciones y experiencias supuestamente únicas y confidenciales. Existe la posibilidad de que el manipulador te convenza de lo falso que es algo, actuando al mismo tiempo como si se sintiera equivocado o loco por creer que era real.

Básicamente, la luz de gas puede hacer que empieces a cuestionar y dudar de la realidad que conoces, ya que lo más probable es que el manipulador mienta, niegue afirmaciones que ya ha dicho antes o use tu palabra en tu contra. Con el tiempo, esto hará que desarrolles dudas e incertidumbre. También empezarás a cuestionar las experiencias, aunque tengas recuerdos de ellas.

El hecho de que sean expertos en distorsionar o negar la realidad puede hacer que realmente dudes de tus recuerdos y de tus percepciones supuestamente únicas de las cosas. El maltratador o manipulador también puede hacer lo siguiente:

- Seguir quejándose de que hiciste o dijiste algo que no debías haber hecho o dicho

- Negar la ocurrencia de un hecho

- Cuestionar el recuerdo que tenías sobre acontecimientos y hechos

- Fingir falta de entendimiento sobre lo que se te dice o negarse a escucharte

- Negar todas las afirmaciones y promesas hechas anteriormente

Al negarte tu propia realidad, hay muchas posibilidades de que el manipulador empiece a imponer su propia versión de la realidad. Con ello, la víctima puede acabar sintiéndose profundamente frustrada y confundida, lo que hará que confíe demasiado en la versión de la realidad del manipulador.

Proyección

En esta técnica, el manipulador proyectará sus experiencias subjetivas sobre ti. Esto significa que, en lugar de enfrentarse directamente a lo que es malo y desfavorable en él, lo hace indirectamente, contigo actuando como pantalla de proyección para él. Otra situación en la que puede tener lugar la proyección es cuando existe un sentimiento de culpa en el manipulador por algo que hace habitualmente.

En lugar de manejar su sentimiento de culpa por sí mismo, corre el riesgo de proyectarlo en ti, que eres su víctima. Incluso existe la posibilidad de que vuelvan la culpa hacia ti diciendo que el manipulador eres tú en realidad. Esto puede hacer que te sientas muy culpable.

Una persona que usa la proyección para manipular a los demás y tener el control también puede usar esta técnica para enfrentarse a otras emociones negativas, como los celos. La culpabilización también es habitual en la proyección, que puede caracterizarse por que te sientes responsable de la situación porque eso es lo que el manipulador proyecta e inculca en ti.

Chantaje emocional

También existe lo que llamamos chantaje emocional. Esta forma de manipulación emocional usa excesivamente tus sentimientos para mantener tus comportamientos bajo el control del manipulador. Esto también te servirá de motivación para ver y percibir las cosas de otra manera. Similar al chantaje habitual, el chantaje emocional consiste en que alguien se esfuerza por obtener de ti lo que desea desesperadamente. Sin embargo, en lugar de guardar secretos que puedan usar contra ti, puedes esperar que te manipulen o controlen usando tus emociones.

Explotar tus inseguridades y debilidades

Si alguien es consciente de tu inseguridad secreta respecto a un aspecto concreto de ti mismo, espera que lo destaque. En última instancia, el objetivo de contar a todo el mundo tus inseguridades y ponerlas de relieve es que puedan estimular a alguien a persuadirte para que hagas algo.

Ten en cuenta que usar constantemente esta técnica contra ti es un indicio de manipulación emocional. También pueden avergonzarte repetida y deliberadamente, que es otra forma de manipular y jugar con tus emociones. El resultado es que desarrollas vergüenza debido a la explotación de tus inseguridades y debilidades, lo que en última instancia puede suponer un duro golpe para tu comportamiento.

¿Cómo manejar la manipulación emocional?

Una vez más, debes recordarte lo furtiva que es la manipulación emocional. Aun así, puedes estar seguro de que podrás manejarla con la ayuda de los siguientes consejos:

- **Sé plenamente consciente de las señales** - Ten en cuenta que los manipuladores suelen mostrar el mismo tipo de comportamiento. Desconfía de los que parecen ser excesiva y excesivamente amistosos, así como de los que hacen constantemente promesas falsas y vacías.

- **Observa tus propios sentimientos/emociones** - También puedes luchar contra la manipulación emocional adquiriendo plena conciencia de tus propios sentimientos y emociones. Un recordatorio es que tu tendencia a evocar emociones intensas o fuertes puede situarte en el centro de la mayoría de los métodos de manipulación. La razón es que los manipuladores son expertos en jugar con las emociones, pero con tu conciencia de tus propios sentimientos, puedes evitar que te controlen.

- **No personalices** - Sí, ser manipulado emocionalmente puede hacerte sentir herido. Sin embargo, incluso con el dolor asociado a este acto, debes interiorizar y reflexionar sobre el hecho de que ese comportamiento no hace nada contigo. Más bien es al revés. Esto significa que recae más sobre el manipulador, así como sobre su falta de capacidad para satisfacer sanamente sus necesidades.

- **Escucha atentamente** - También puedes tratar a los manipuladores emocionales mediante la intención y la escucha activa. Ser manipulado emocionalmente no sienta bien, pero enfrentarse a ellos de la forma más excesiva posible sólo puede agravar la situación. Intenta escuchar atentamente con empatía, así podrás ver sus deseos y necesidades.

- **Respeta los límites** - Cuando hayas terminado de escuchar lo que dice la otra persona y hayas detectado que alguien intenta manipularte, ten mucho cuidado de mantener tus límites y barreras bajo control. Deben estar a un nivel saludable. Ten en cuenta que tu decisión de responder respetuosa y asertivamente a la manipulación puede hacer que te perciban como alguien inmune a sus tácticas. Con ello, lo más probable es que dejen de manipularte e intenten buscar rápidamente otras víctimas.

- **Habla con un ser querido de confianza** - Recuerda que todo el proceso de saber que estás siendo manipulado puede ser hiriente y emocionalmente agotador. Por ello, debes procurar crear un sistema de apoyo sólido. Habla con tus seres queridos, especialmente con aquellos en los que confías, sobre tu experiencia. El hecho de que hables de ello te ayudará a pasar rápidamente por el proceso de sanación.

Asegúrate también de mantener la calma. Es necesario que te mantengas bajo control y evites perder la calma cuando trates con manipuladores. No permitas que te afecten en exceso ni que te pongan demasiado nervioso. Si lo haces, tus posibilidades de vencerles aumentarán exponencialmente.

Pedido de ayuda

Prestar ayuda sin pedir nada a cambio es muy gratificante. Puede hacerte sentir bien, liberando hormonas de la felicidad que también te ayudarán a vivir una vida más larga y feliz. Este acto puede incluso inspirarte para trabajar duro y ganar más dinero. Ahora, me gustaría presentarte la oportunidad de disfrutar de este tipo de buena voluntad y valor mientras lees y escuchas el contenido de este libro. Para hacerlo posible, me gustaría preguntarte algo...

¿Estás dispuesto a prestar ayuda a un desconocido sin tener que gastar nada y aunque no obtengas crédito por ello?

Si es así, me gustaría pedirte humildemente ayuda en nombre de un desconocido: alguien a quien aún no conoces y probablemente nunca conocerás, pero que, al igual que tú, sigue necesitando el apoyo y la ayuda de quienes le rodean para adquirir más experiencia en la industria. Tu ayuda será realmente apreciada por los emprendedores novatos que aún están empezando a sumergirse en la escritura y publicación de libros.

Dado que la mayoría de la gente tiende a juzgar los libros que desea leer por la fachada y sus correspondientes reseñas, me gustaría pedirte humildemente que dediques un breve momento a escribir una reseña honesta para este libro. Si encuentras útil y valioso el contenido de este libro, tu honesta y elogiosa reseña será sin duda de ayuda para mantener a flote a este humilde autor.

Tu reseña es realmente de gran ayuda para:

- Dar a un nuevo y prometedor emprendedor la oportunidad de mantener a su familia y a sus seres queridos

- Inspirar a un empleado para que trabaje aún más duro, ya que empezará a encontrar más sentido a las cosas que hace

- Informar a otros clientes potenciales de que existe ese libro concreto que les ilustrará sobre el tema concreto que ansían aprender.

Haz que sucedan estas cosas hermosas, y probablemente incluso más, dedicando sólo unos momentos a dejar una reseña. Créeme, sólo se tarda menos de un minuto, pero toda una vida de transformaciones positivas en la vida de los demás.

PD: Si lo tuyo es prestar ayuda incluso a completos desconocidos y a emprendedores emergentes, entonces estamos en el mismo barco. Estoy muy emocionado por instruirte sobre un tema muy interesante en los capítulos restantes.

PPD: Truco de vida: Aportar algo de valor a los que te rodean también te beneficiará a ti, ya que ese valor empezará a relacionarse contigo. Obtén amabilidad y buena voluntad directamente de otros emprendedores inspiradores y trabajadores presentándoles este libro.

¡Muchas gracias!

5
Manipulación cognitiva y control mental

L a psicología oscura también abarca técnicas y métodos de manipulación cognitiva y control mental. Utiliza conceptos como manipulación, coacción y control para beneficiar al manipulador, al tiempo que pone en peligro y limita el poder y la libertad de la víctima.

Usa el arte de la manipulación, que también implica explotar tus prejuicios cognitivos para doblegar tu mente conforme a la voluntad del manipulador. Pero, ¿cuáles son en realidad las técnicas que usan los maestros manipuladores para controlar tu mente y explotar tus prejuicios cognitivos? Lo aprenderás y comprenderás en este capítulo.

Sesgo cognitivo y cómo explotarlo

El sesgo cognitivo se refiere a un error sistemático en tu forma de pensar, que puede afectar significativamente a tu juicio y decisión. Es innato en el ser humano tener sesgos cogni-

Anclaje

Esta forma particular de sesgo cognitivo te ayudará a preparar el terreno para una negociación adecuada. Cuando se usa esta táctica para explotar el sesgo cognitivo, cabe esperar que las personas dependan demasiado de la información que reciben en primer lugar, que consideran el ancla, a la hora de formular decisiones.

También puedes usar esta técnica concreta para obtener los resultados deseados. Por ejemplo, si deseas conseguir un acuerdo favorable, esfuérzate por desarrollar un ancla lo suficientemente alta como para que puedas observar cómo tu objetivo se esfuerza por negociar en torno a la cifra elevada que has grabado en su mente.

Explota este sesgo cognitivo en tus negociaciones. Por ejemplo, debes establecer tus condiciones y un precio concreto que pueda beneficiarte en primer lugar. Esto debería ayudarte a formar un ancla, que puede influir en las partes restantes de tu negociación. También puedes proporcionarles un detalle no relacionado, que debería actuar como ancla. Esto debería servir de guía sutil en el proceso de toma de decisiones de tu objetivo.

Falacia del costo hundido

En este sesgo cognitivo, tu objetivo es atrapar a tu objetivo en las inversiones que realiza. Básicamente, funciona bajo la premisa de que se debe seguir invirtiendo en algo en función del número exacto de recursos que ya se invirtieron, en lugar de analizar objetivamente la situación actual.

Para explotar este sesgo y obtener el resultado que deseas, debes persuadir a tu objetivo para que invierta más dinero y tiempo en un determinado proyecto. Si invierten mucho en él, les resultará más difícil abandonar el proyecto. Esto es cierto aunque la probabilidad de que obtengan los resultados deseados sea baja.

Por tanto, debes tratar de aumentar su nivel de compromiso con un determinado proyecto. De ese modo, seguirán invirtiendo y esforzándose en él pase lo que pase. Es posible que sigas teniendo el control si sigues aprovechando su negativa a aceptar la derrota. Por ejemplo, puedes animar a alguien a realizar una inversión sustancial en una sociedad.

Si siguen aumentando su inversión, hay pocas posibilidades de que se echen atrás. Aprovecha este tipo de compromiso para obtener mejores condiciones al negociar o hacer que la otra parte acepte un resultado menos favorable para ella, pero fructífero para ti.

Los fundamentos del control mental

Aprender a controlar la mente de los demás también contribuye a hacerte más hábil en la práctica de la psicología oscura y la manipulación. La relevancia del control mental en la actualidad puede compararse con la relevancia que tuvo en la década de 1950. En aquella época, el control mental también se clasificaba como lavado de cerebro. Era la época en que la guerra de Corea aún estaba en curso y los prisioneros chinos usaban el control mental/lavado de cerebro para asegurarse de que no serían derrotados por las tropas estadounidenses.

En general, este concepto tiene lugar cada vez que utilizas una fuerza externa con el objetivo deliberado de controlar la forma en que alguien se comporta, actúa y piensa. Puedes hacerlo física o psicológicamente. Frecuentemente requiere que doblegues al sujeto con el objetivo de conseguir un control total sobre él.

Al principio, puedes creer que controlar la mente no es factible ni posible. Sin embargo, ten en cuenta que, inconscientemente, puede que ya forme parte de tu vida cotidiana. Podría ser que ya lo estés haciendo cuando promocionas tus productos o servicios o muestras tu parcialidad mediática cuando hablas de política.

Las siguientes son sólo algunas de las formas más comunes en las que puedes ver cómo se pone en práctica el control mental:

Aislamiento

¿Te encuentras alejándote y aislándote lentamente de tus seres queridos? Entonces la razón podría ser que alguien te está sometiendo a control mental. Puede que también se lo hayas hecho a otros. Ocurre cuando alguien le cuenta a otro los defectos e imperfecciones de los que le rodean.

Así, te lavan el cerebro para que pienses que estar con ellos no es bueno. El resultado es que poco a poco te vas desvinculando de tus seres queridos. Esto es lo que quiere el manipulador, mantenerte vulnerable y solo, para que acabes con el espíritu destrozado.

Cambios de humor

También se puede manipular o controlar la mente de los demás a través de su estado de ánimo o sus comportamientos. Por ejemplo, puedes ver a tu pareja enfadada si no accedes a su petición. También puede ocurrir que seas tú quien utilice esta técnica para controlar a los que te rodean.

Por ejemplo, si tienes tendencia a alterar tu comportamiento y tu forma de responder a los demás, para evitar o detener un conflicto o una discusión. Esto significa el comienzo del control mental, ya que estás empezando a cambiar tus acciones debido a las cosas que la otra parte también está haciendo.

Metacomunicación

En esta técnica concreta de control mental, el manipulador proporciona pistas e indicios sutiles con la ayuda de señales no verbales. Un ejemplo es cuando alguien pregunta a otra persona si está bien y ésta le dice que sí, pero su lenguaje corporal indica que está lejos de estarlo.

Puede ser que acompañe su respuesta afirmativa con un suspiro evidente. También puede haber dicho *"Sí, estoy bien"*, pero encogiéndose de hombros. Este gesto corporal indica que, en realidad, no estás bien. En general, la metacomunicación funciona para cualquiera que pretenda que su objetivo forme pensamientos subliminales.

Programación Neurolingüística (PNL)

La PNL consiste en usar el lenguaje para introducir pensamientos específicos en la mente inconsciente del objetivo sin que éste lo sepa. Es crucial tener en cuenta que esta popular técnica de control y manipulación mental permite ver más de cerca y con mayor claridad una serie de áreas de la vida de una persona. También requiere usar el lenguaje como medio para sembrar sugestiones.

Digamos, por ejemplo, que tienes un objetivo más visual. En este caso, tendrás que hablarle con la ayuda de un lenguaje que utilice pistas visuales, como *"¿Puedes ver claramente el significado real de lo que he dicho?"*. Quienes sean más adeptos a usar pistas auditivas deberían poder recibir un lenguaje auditivo, como *"Te oigo alto y claro"*.

Reglas que no se pueden comprometer

Si tienes que seguir las reglas de alguien cercano a ti, como tu pareja, incluso las que no son razonables, y sin que tengas la oportunidad de transigir, entonces estás sometido a control mental. Estas normas pueden incluir tener que cumplir plazos poco razonables, cero acceso a tus amigos o a tus propios fondos, y normas estrictas durante las pausas para ir al baño y las comidas.

En este caso, es posible que te controlen mentalmente, ya que tienden a impedirte tomar decisiones, pues sólo tendrás que seguir estrictamente determinados comportamientos. Con ello, notarás que dejas de pensar por ti mismo. Esto también puede dar lugar a que les resulte más fácil implantar sus propios progresos y planes.

Engaño

El engaño también es otro método que usan los manipuladores para controlar con éxito la mente de sus víctimas. En general, el acto de engañar puede ser menor, enorme o cruel. Independientemente de la gravedad del engaño, el objetivo es el mismo: incitar a alguien a creer cosas que son falsas.

Un punto clave es que, por muy honesta que sea una persona, puede caer en la tentación de usar el engaño contra los demás. En otras palabras, incluso las personas honradas se ven implicadas con frecuencia en el engaño. De hecho, es posible que una persona mienta varias veces al día. En la mayoría de los casos, sin embargo, se trata de mentiras piadosas sin importancia que suelen expresar para evitar situaciones incómodas y reducir el riesgo de ofender a alguien.

Psicología inversa

Otro método que se usa actualmente para controlar a otras personas es lo que llamamos psicología inversa. Esto lo están usando para alcanzar sus objetivos únicos y asegurarse de que consiguen y reciben lo que realmente quieren. Incluso los que aún no están familiarizados con la psicología inversa pueden haber presenciado ya a alguien haciendo esta técnica.

Una cosa que hace que la psicología inversa sea tan popular en el campo del control mental es que, a veces, uno no puede detectar fácilmente que ya le está ocurriendo. Esto hace que sea aún más importante comprender cómo funciona esta estrategia específica. Cuando examines detenidamente la psicología inversa, te darás cuenta de que su definición es un poco confusa.

Sin embargo, ten en cuenta que si analizas seriamente la definición, todo empezará a tener sentido. En la psicología inversa, intentas que tu objetivo haga lo que tú deseas pidiéndole que haga exactamente lo contrario. Muchos consideran la psicología inversa como una herramienta y técnica realmente eficaz en la manipulación y el control mental.

La razón es que ya no requiere que comuniques directamente tus deseos. Lo que haces es ocultarlos y pedir lo contrario en su lugar. En el momento en que practiques la psicología inversa, tendrás que usar palabras que indiquen lo que deseas que haga la otra parte, a pesar de que tu objetivo real sea pedirle que haga lo contrario.

Leer a las personas

Cuando se trata de comprender el control mental y la manipulación, un conocimiento sólido de cómo leer la mente de las personas que te rodean puede ayudar mucho. Un hecho crucial sobre los seres humanos es que cada uno posee una composición psicológica y emocional única. Teniendo eso en cuenta, es posible manipular a cada uno con un propósito diferente.

Si deseas manipular o controlar la mente de alguien, debes dedicar tiempo a estudiar a tu objetivo antes de empezar a realizar tu último plan de manipulación. El objetivo aquí es llegar a comprender las cosas concretas que les resultan favorables. Esto es importante si quieres encontrar el enfoque perfecto para hacer que tu objetivo se doblegue en función de tus deseos y necesidades.

Cuando intentes leer a la gente, éstas son las cosas que puedes descubrir:

- **Es posible jugar con sus emociones** - Varias personas son más propensas a mostrar respuestas emocionales visibles. Son las que también son emocionales y tienden a poseer un fuerte y elevado nivel de empatía y simpatía. Consigue lo que quieres de ellos jugando con sus emociones hasta el momento en que empiecen a sentir compasión por ti y se rindan a sus demandas.

- **Puedes Aprovecharte De Su Culpa** - También puedes manipular la mente de la gente usando su fuerte reflejo de culpabilidad. Muchas personas nacieron en un hogar con restricciones. De hecho, algunas de ellas acaban siendo castigadas por cosas que hicieron en el pasado, aunque fueran de poca importancia. Quien haya tenido una infancia así, es posible que se sienta culpable casi todo el tiempo. Si tratas con personas así, lo que puedes hacerles es obvio: aprovecharte de su culpabilidad. Tienes que hacerles sentir culpables por no ceder a tus exigencias.

- **Puedes Poner En Práctica El Enfoque Racional** - La razón es que varias personas tienden a recibir mejor el enfoque racional. En caso de que tengas un amigo de mentalidad lógica que siempre parece leer las noticias y exige pruebas y hechos antes del proceso de toma de decisiones, entonces es muy recomendable que utilices la persuasión tranquila como medio de hacer que esté de acuerdo contigo.

Con todos estos conocimientos e información importante, podrás dominar el acto de leer a la gente y practicar la manipulación y la psicología oscura usando lo que hay dentro de la mente de tu objetivo. Estos conocimientos también te servirán de escudo en caso de que alguien te haga esto.

6

Hipnosis encubierta y PNL - ¿Cómo utilizarla para persuadir y manipular a otros?

La hipnosis encubierta y la PNL (programación neurolingüística) se encuentran entre las estrategias más utilizadas en el mundo de la persuasión y la manipulación. De hecho, puedes ver que ambas son usadas por personas que quieren conseguir algo de los demás. Es posible que lo hagan conscientemente como parte de sus métodos de persuasión o manipulación. También hay casos en los que lo hacen inconsciente o conscientemente, como parte de sus hábitos, lo que hace que sea bastante difícil de cambiar.

Ahora, la cuestión es si quieres o no ser más competente en lo que se refiere a la hipnosis encubierta y la PNL. También es posible que quieras conocer los pormenores de su funcionamiento. Si es así, usa este libro electrónico como guía.

¿Cómo funciona la PNL?

En realidad, la hipnosis y la PNL funcionan de forma diferente, aunque hay casos en los que la gente usa las dos juntas para conseguir los resultados específicos que se propone. Básicamente, la PNL usa técnicas que tienen una buena parte de participación consciente e inconsciente. Es básicamente una forma de arte psicológico cognitivo. La idea que subyace al funcionamiento de la PNL es cómo los procesos neurológicos, el lenguaje aprendido y los patrones de comportamiento están estrechamente conectados entre sí.

Esta conexión detectada es una de las razones por las que muchos siguen estudiando el funcionamiento de la mente y cómo usar la programación neurolingüística (PNL) para alterar la forma de pensar y comportarse de las personas, así como para alcanzar sus objetivos finales.

Una cosa que puede hacer la PNL es servir de enfoque creativo e innovador aplicable en varios amigos, a saber, la comunicación, la psicoterapia y el desarrollo personal. Aquí aprenderás algunas habilidades lingüísticas prácticas que seguramente te serán de ayuda para mejorar tu forma de comunicarte con los demás y mejorar tu mente o estado mental.

PNL e hipnosis encubierta

Una cosa que se descubrió sobre la PNL es que en realidad es una forma de hipnosis encubierta y directa. Es encubierta en el sentido de que muchas personas que practican la PNL en realidad no son conscientes de que la están practicando junto con la hipnosis. De hecho, el abuelo de la hipnoterapia moderna, Milton H. Erickson, contribuyó en gran medida a desarrollar la PNL.

Así que, básicamente, existe lo que llamamos PNL e hipnosis encubiertas, que tiene lugar cuando tu objetivo es adquirir algo de alguien que puede no estar dispuesto a dar tal cosa. A pesar de la falta de voluntad, sigues intentando conseguir lo que quieres, pero sin ejercer demasiada presión ni fuerza. Lo que usarás aquí serán tus habilidades lingüísticas, las que te servirán para persuadir a los demás y, a veces, controlar su mente y manipularlos para que se pongan de tu parte.

Ahora bien, otra pregunta importante es por qué los expertos clasifican esta técnica como lenguaje hipnótico. La razón es que cada vez que salen palabras de tu boca con el objetivo de influir o persuadir a alguien, ya se está practicando la PNL encubierta. Es diferente de la "abierta", que es un método más adecuado para conseguir lo que quieres si tu objetivo ya confía profundamente en ti y te respeta, o si ya te percibe como alguien con autoridad.

El método encubierto es más aplicable en diversas situaciones en las que son necesarias la persuasión y la influencia, ya que sólo unos pocos tienen una credibilidad y una autoridad supremas que quienes les rodean ya confiarán en ellos la primera vez que se encuentren. El método encubierto es más general, ya que la mayoría, si no todos, intentan convencer a la gente para que haga algo, aunque todavía no sepan con quién están hablando.

Con la ayuda del lenguaje oculto que te aportan la PNL encubierta y la hipnosis, puedes eludir en cierto modo cualquier insuficiencia en la confianza social y la prueba que aún no posees. En otras palabras, usar el lenguaje encubierto de la PNL o la hipnosis te ayudará a desarrollar un tipo de influencia que los que te rodean pueden considerar digna de confianza.

¿Cómo utilizar la hipnosis encubierta y la PNL?

Ahora vamos a aprender un par de técnicas que te ayudarán a usar este concepto en el mundo de la manipulación, la persuasión y el control mental. Una regla viable que debes recordar es ser respetuoso con las limitaciones de las personas. Practicando este tipo de respeto, te resultará más fácil hipnotizarlas de forma encubierta.

Por ejemplo, supongamos que utilizas frases hipnóticas específicas para persuadir a alguien de que sucumba al cambio durante la terapia. Puedes usar palabras y frases como: *"Me pregunto si realmente te resultaría fácil superar tu miedo hoy"* o *"¿Crees que es más divertido y satisfactorio imaginarte a ti mismo teniendo un alto nivel de confianza en todo lo que haces?"*.

Asegúrate de que tu objetivo no acabe sintiendo que tu atención hacia él es breve y fugaz, ya que tu objetivo es esperar una oportunidad para usar el lenguaje hipnótico. La razón es que puedes perder tu oportunidad de persuadirles e influir en ellos si se sienten así.

Además, ten en cuenta que si los que te rodean se resisten al tipo de cambio que deseas producir en su interior, podría deberse a que aún no has conseguido su plena confianza o a que todavía tienen miedo de alterar sus limitaciones. Tienes más posibilidades de tener éxito si empatizas con ellos o aprecias sus limitaciones y miedos. Debes transmitirles ese comportamiento, aunque te parezcan tontos y estúpidos sus argumentos y las razones de su incapacidad para cambiar.

Aprécialos y respétalos, y diles lo mucho que comprendes sus pensamientos y comportamientos. Esto debería ayudarte a ganarte su confianza, lo que te allanará el camino para empezar a usar historias u órdenes hipnóticas y usar su mente subconsciente como objetivo. Tu objetivo debe ser establecer la confianza y la credibilidad para evitar que tu objetivo se resista a lo que le digas.

Ya no tendrás que preocuparte de que encuentren argumentos en contra para poder rebatir las palabras que les digas. También hay más posibilidades de que tengas éxito al usar la PNL y la hipnosis encubierta con estas tácticas:

Utilizar preguntas para ocultar o disimular cualquier lenguaje persuasivo

Un hecho sobre las preguntas es que tienden a tener más poder que las simples afirmaciones. Ten en cuenta que las afirmaciones pretenden aseverar o enfatizar una verdad, independientemente de si tu objetivo te cree o no. Mientras tanto, las preguntas obligan indirectamente a tu objetivo a buscar en sí mismo razones viables que le ayuden a creer en lo que dices.

La buena noticia es que existen varias formas eficaces de utilizar las preguntas encubiertas de la PNL cuando se trata de persuadir. La más fácil y sencilla, sin embargo, implica el compromiso de hacer dos preguntas antes de cambiar hacia dónde van los pensamientos de tu objetivo.

Por ejemplo, si estás intentando debatir cuál es mejor entre una dieta vegana y otra basada en la carne, deberías plantear un par de preguntas suaves en lugar de limitarte a decir a tu sujeto que la mejor opción es la dieta vegana y que cualquier otro plan dietético es erróneo. Las dos preguntas que puedes plantear son las siguientes:

"¿Puedo pedirte tu fuente de por qué crees que la carne es beneficiosa?".

"Me alegro de oírlo. ¿Tienes información sobre dónde realizaron sus investigaciones y estudios sobre los efectos positivos de la carne los científicos que has mencionado?".

Las preguntas suaves de las que hablamos aquí no deben atacar la creencia de nadie. Tu objetivo al plantear tales preguntas es que comprendan mejor el tema. Tras escuchar atenta y detenidamente las respuestas que te den, tendrás una idea de cómo debes alterar la dirección de sus pensamientos mediante el lenguaje hipnótico.

Por ejemplo, puedes reiterar lo interesante que es su perspectiva a pesar de que tu opinión sea un poco diferente. Luego puedes pasar a decir amablemente que estás dispuesto a exponerles y mostrarles algunos hechos que pueden hacer que reconsideren un poco su postura.

Si están de acuerdo, puedes empezar a presentar los hechos con el objetivo final de alterar o cambiar su postura después. Este ejemplo concreto muestra lo útiles que resultan el ritmo y la guía para cambiar la opinión y la postura sobre determinadas cosas. También utiliza una sugestión posthipnótica, que se enfatiza aún más por el uso de "después", un predicado temporal.

Disimula el lenguaje de acuerdo con sus preferencias

Esto puede ayudarte significativamente, sobre todo si todavía estás intentando ganarte la confianza de alguien que conoces, principalmente porque ambos no están familiarizados el uno con el otro. En ese caso, un buen punto de partida sería dejarle oír lo que quiera. Para empezar, explica la razón por la que tienes la misma opinión y postura que ellos. También ayuda referirte a algunas historias que destaquen tu respeto por quienes tienen opiniones similares a las suyas y hablan como ellos.

Si estás hablando con alguien cuyo estado de ánimo general y personalidad son excitados y extremadamente enérgicos, tienes que intentar igualar esta energía. En el caso de los que son un poco lentos, lo que les lleva a tardar más de lo normal en dar una respuesta, también es necesario ir más despacio para igualar su ritmo.

Durante el inicio de tus charlas y conversaciones, considérate su espejo. En otras palabras, es muy recomendable hablarles en función de las cosas exactas que pretenden oír de ti. Cuando notes que ya te has ganado su confianza y han empezado a tratarte como a un amigo, puedes empezar a usar historias y lenguaje hipnóticos diseñados para hacerles cambiar drásticamente de opinión.

Reduce el uso del lenguaje indirecto

Tras darte cuenta de que ya empiezan a entenderte y a escuchar tus opiniones, puedes disminuir el número de veces que usas el lenguaje indirecto. Ten en cuenta que la persuasión indirecta sólo se hace necesaria cuando se observa una especie de resistencia, miedo o enfado contra las creencias e ideas que quieres presentarles y hacerles creer.

Observa atentamente, así podrás percibir enseguida cuándo empiezan también a estar de acuerdo con tu postura y a disfrutar de vuestras discusiones. Si empiezan a mirarte más atentamente con ojos muy abiertos y curiosos, puedes dejar el juego gradualmente. El objetivo es consolidar tu posición, ya que existe la posibilidad de que ya estén de tu lado.

En este caso, puedes empezar a usar un lenguaje autoritario y asertivo. Algunas frases poderosas y autoritarias que puedes usar en este caso son: *"Ahora puedes estar de acuerdo conmigo por esta razón concreta..."* o *"Soy consciente de lo que te conviene, así que me gustaría decirte que esto..."*.

Aparte de un par de tácticas para usar la PNL encubierta y la hipnosis, ya mencionadas aquí, también deberías evitar los errores comunes de los que aún están empezando a usar la PNL, es decir, su aparente tendencia a crear entendimiento indefinidamente. Ten en cuenta que una vez que ya se ha establecido, no tienes que seguir cultivándolo.

Empieza a ser más autoritario y asertivo con tus sugerencias y órdenes cuando llegues a esta fase. De este modo, podrás aprovechar la capacidad innata de los seres humanos para cambiar rápidamente y estar de acuerdo contigo.

7
Técnicas de Persuasión Subliminal - ¿Cómo usarlas para persuadir a los demás de que estén de tu lado?

F inalmente, llegamos al último capítulo de este libro. Aquí te presentaremos otra técnica eficaz de persuasión y manipulación: la persuasión subliminal. Básicamente, toda esta técnica requiere que uses mensajes con significados reales que tienes que camuflar u ocultar para poder ganar control e influencia sobre los comportamientos y pensamientos de tu objetivo.

Los mensajes que se usan aquí aprovechan los elementos visuales, como palabras e imágenes, con el objetivo último de evocar emociones. Muchos practicantes de la persuasión subliminal dicen que es tan eficaz que les hace sentir como si poseyeran una especie de superpoder. La razón es que realmente funciona en lo que se refiere a persuadir a los demás para que estén de tu parte.

¿Cuáles son las diferentes técnicas de persuasión subliminal?

La palabra subliminal, sobre todo cuando se usa en el mundo de la persuasión, la manipulación y la psicología oscura, corresponde a lo que está por debajo de la conciencia. En otras palabras, la persuasión subliminal consiste en influir y controlar a alguien a un determinado nivel que está por debajo de su percepción cuando es consciente. Esta técnica también afecta a las personas más allá de las palabras, ya que su fuerza está detrás o debajo de las palabras que salen de tu boca.

La persuasión subliminal es tan poderosa que puedes ver cómo se usa en el campo de la publicidad. También puedes aplicarla en otros ámbitos de tu vida en los que creas que la persuasión y la manipulación serán útiles. Para empezar a usar la persuasión subliminal, aquí tienes algunas de las muchas tácticas y técnicas que seguramente te ayudarán a sacar el máximo partido de este concepto:

Enmarcar

Una técnica subliminal eficaz y aplicable en casi todas las situaciones es el encuadre. En esta técnica, tendrás que formular algo de tal manera que pueda cambiar o influir en la decisión de una persona. Supongamos que vendes una mesa. En este caso, no deberías preguntar directamente a tu posible cliente si tiene intención de comprarte una mesa.

Lo mejor sería reformular la pregunta y determinar qué prefiere entre los dos o tres tipos de mesa que vendes. Por ejemplo, *"¿Quieres esta mesa de madera o esta mesa de cristal?"*.

La pregunta reformulada es más persuasiva, pues ya presupone que la persona con la que hablas ya ha decidido comprar una mesa y ya está en la fase de elegir qué tipo. Esto le influirá aún más para que te compre a ti.

Reflejar

En esta técnica, tendrás que imitar o seguir el lenguaje corporal de otra persona. Sin embargo, ten en cuenta que el mirroring no sólo abarca las acciones. También puedes ponerlo en práctica usando palabras y lenguaje. En este caso, puedes usar las palabras concretas que usa alguien, así como su acento. Esta forma de reflejo entra dentro de la técnica de persuasión subliminal, que muchos consideran muy poderosa y eficaz.

Además, ten en cuenta que reflejar la postura, los gestos y el lenguaje de alguien funciona eficazmente a la hora de establecer una buena relación. En última instancia, esto pretende demostrar que ambas partes están al mismo nivel, lo que significa que puedes captar y entender fácilmente todo lo que te digan. Con ello, seguramente se sentirán más cómodos contigo, así que espera que se abran con preocupaciones. Sólo asegúrate de que, al reflejar, no acabas haciéndote demasiado obvio como para que capten inmediatamente lo que estás haciendo.

Inflexiones y entonaciones

La persuasión subliminal también te permite usar lo que llamamos inflexiones y entonaciones. Ten en cuenta que tus
palabras afectarán e influirán en la gente de la forma que
desees con la ayuda del volumen, la inflexión, la entonación y
la intensidad de voz adecuados. Si aún no estás familiarizado
con la inflexión, debes saber que se produce cuando tu voz
tiende a subir y bajar suavemente al pronunciar una sílaba o
palabra. Mientras, la entonación ocurre cuando tu tono sube
o baja dentro de una frase u oración.

Aprovecha tanto la inflexión como la entonación usándolas
cuidadosamente en palabras concretas para persuadir e influir
en la gente. Por ejemplo, háblales en un susurro. Debe ser
como si estuvieras realmente dispuesto a compartir un secreto con ellos. Ej. *"Estoy dispuesto a hacerte un descuento del
20% en este artículo, pero prométeme que no se lo contarás
a nadie. ¿Puedo contar contigo para que esto quede entre
nosotros?"*.

Esto les hará sentirse especiales y valorados, ya que estás
compartiendo un secreto con ellos. Puedes demostrarles que
confías en ellos, lo que aumenta tus posibilidades de cultivar
el entendimiento y ganarte su confianza. Esto te servirá de
instrumento para influir en ellos para que hagan lo que pre-
tendes que hagan.

Hipermnesia

En esta técnica de persuasión subliminal concreta, tendrás
que influir y persuadir a los que te rodean para que recuerden
todo el tiempo las cosas que deseas que recuerden. Aquí
tendrás que usar algunas palabras y trucos de memoria para
aumentar sus posibilidades de recordar algo.

Un ejemplo es decirles que no podrán olvidar lo increíble que es tu producto. También puedes usar las siguientes frases poderosas cuando intentes poner en práctica la hipermnesia:

- *"No es posible olvidar..."*
- *"No podrás quitarte esto de la mente".*
- *"Recordarás esto para siempre".*

Sugerencias irresistibles

Esta técnica requiere que establezcas expectativas diseñadas para condicionar la mente de las personas con las que estás tratando. Una vez que lo hayas hecho, la mente trabajará para confirmar la sugerencia. Por ejemplo, puedes decirle a alguien que le encantará un artículo concreto. Transmite este mensaje con sinceridad y asegúrate de inyectarle un entusiasmo genuino, para que el receptor se lo crea de verdad. Esto puede hacer que esta técnica de persuasión subliminal tenga éxito.

Asentir con frecuencia

Si quieres pedirle un favor a alguien, asentir con frecuencia mientras hablas puede ayudar. Ten en cuenta que asentir mientras hablas y escuchas a alguien aumenta la probabilidad de llegar a un acuerdo mutuo. Además, se ha descubierto que asentir con frecuencia delante de alguien también puede hacer que imite el acto. Incluso puedes esperar que esto ocurra de forma natural, ya que los seres humanos son conocidos por su capacidad innata de imitar comportamientos, concretamente los que tienen significados positivos.

Teniendo esto en cuenta, si deseas persuadir o convencer a alguien para que haga algo, deberías considerar la posibilidad de asentir con regularidad durante toda la conversación. Esto también hará que empiecen a estar de acuerdo contigo y con las cosas que dices de forma inconsciente.

Consideraciones éticas

Seguro que a estas alturas ya eres consciente de que hay varios casos en los que la persuasión subliminal utiliza técnicas que pretenden influir y persuadir a los demás sin que lo sepan. Esta es la razón por la que, en cierto modo, suscita importantes preocupaciones éticas.

Ahora bien, ¿estás realmente interesado en usar la persuasión subliminal, así como las demás técnicas de psicología oscura indicadas en este libro, pero te preocupa cómo puedes hacerlo respetando la ética? Si tu respuesta es afirmativa, prepárate para investigar y comprender importantes consideraciones éticas de la psicología oscura que nunca debes descuidar. Practica las técnicas aquí expuestas de modo que no pongas en peligro a nadie.

Aquí tienes las principales consideraciones éticas que debes tener en cuenta al practicar la psicología oscura y la persuasión subliminal:

- **Daño** - En general, las técnicas de psicología oscura, incluida la persuasión subliminal, pueden poner a alguien en grave peligro si no tienes cuidado al aplicarlas. Un posible efecto sería un trauma psicológico y emocional. Piensa en este posible efecto antes de poner en práctica la psicología oscura. Ten en cuenta que puedes persuadir o manipular a alguien, pero asegúrate de que sigues pensando en su bienestar general.

- **Consentimiento** - En la medida de lo posible, usa las técnicas asociadas a la psicología oscura con el consentimiento de alguien. Ten en cuenta que usar esas tácticas sin su consentimiento puede atentar contra su dignidad y autonomía. Dicho esto, debes trabajar para obtener el consentimiento informado y razonable de tu objetivo antes de someterlo a una manipulación psicológica extrema.

- **Normas profesionales** - Si trabajas en el sector de la psicología, probablemente sepas que las técnicas de la psicología oscura se ajustan a las directrices y normas éticas y profesionales establecidas para todos los psicólogos. Esfuérzate por conocer estas directrices y normas, compréndelas y cúmplelas pase lo que pase. Así podrás conservar el respeto y la confianza de quienes te rodean.

- **Justicia y equidad** - Si es posible, evita usar las técnicas de la psicología oscura para obtener una ventaja desmedida e injusta sobre otras personas; de lo contrario, estarás violando las normas y principios de la justicia y la equidad. El secreto definitivo para tener éxito usando la psicología oscura o luchando contra ella es tratar a los que te rodean con dignidad, empatía y respeto, fomentando al mismo tiempo la justicia y la equidad en cada interacción.

Al tener en cuenta todas estas normas y consideraciones éticas, estarás en camino de practicar la psicología oscura y la persuasión subliminal sin causar un daño extremo a tu objetivo. También te ayudará conocer bien este sector, que es una buena forma de luchar contra los manipuladores y los usuarios de la psicología oscura que pueden usar las técnicas para ponerte en peligro a ti o a tus seres queridos.

Conclusión

¡Felicidades! Por fin has terminado este libro sobre psicología oscura. A estas alturas, ya has acumulado conocimientos sustanciales sobre la psicología oscura y los campos y áreas específicos que la enmarcan. Entre ellos se incluyen la manipulación, la persuasión y el control mental.

Basándote en la información que has aprendido en este exhaustivo libro, ahora te resultará fácil protegerte y defenderte de los profesionales de la psicología oscura que intentan manipularte, controlarte y persuadirte. Estar bien versado en este campo te hará más capaz de protegerte de aquellos que puedan explotarte, abusar de ti y ponerte en peligro

Lo que has aprendido aquí también te ayudará a practicar correctamente la psicología oscura y la manipulación. Ahora eres hábil para utilizarla en tu propio beneficio sin descuidar por completo el bienestar de aquellos con los que interactúas.

Tarde o temprano, podrás verte empezando a influir y controlar situaciones, contrarrestar y detectar manipulaciones, y conseguir lo que realmente deseas en la vida con este libro como guía.

www.ingramcontent.com/pod-product-compliance
Lightning Source LLC
Chambersburg PA
CBHW021626270326
41931CB00008B/881